Impressum
Verlag: BABADADA GmbH, Nedderfeld 112 , 22529 Hamburg
Geschäftsführer / Verlagsleitung: Harald Hof
Druck: Books on Demand GmbH, In de Tarpen 42, 22848 Norderstedt

Imprint
Publisher: BABADADA GmbH, Nedderfeld 112 , 22529 Hamburg, Germany
Managing Director / Publishing direction: Harald Hof
Print: Books on Demand GmbH, In de Tarpen 42, 22848 Norderstedt, Germany

school
škola

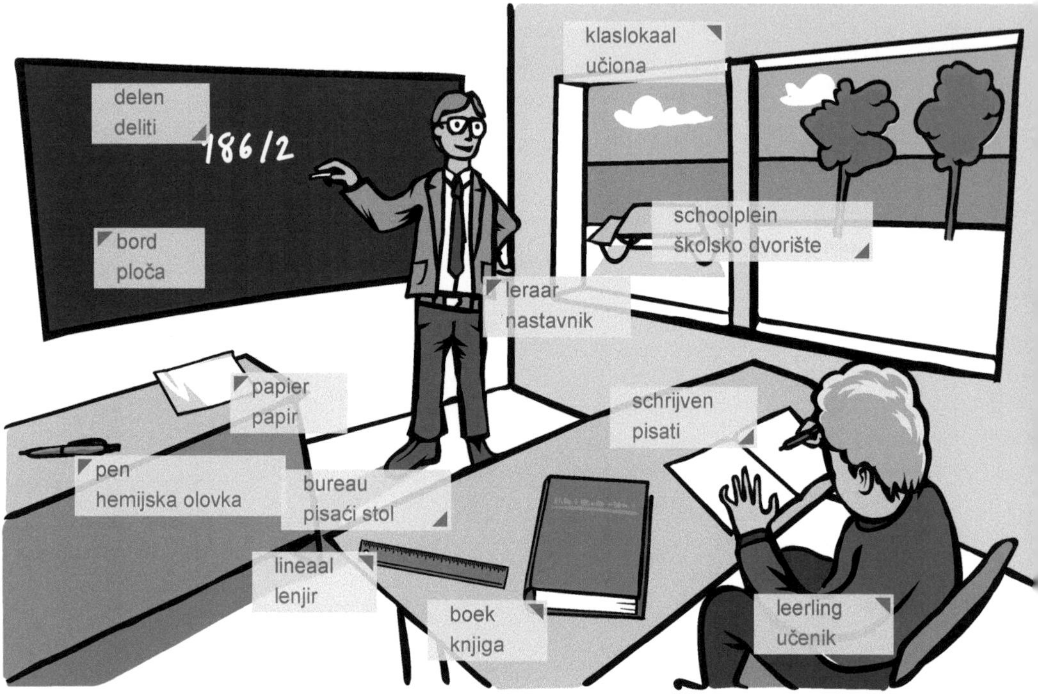
klaslokaal
učiona
delen
deliti
186/2
bord
ploča
schoolplein
školsko dvorište
leraar
nastavnik
papier
papir
schrijven
pisati
pen
hemijska olovka
bureau
pisaći stol
lineaal
lenjir
boek
knjiga
leerling
učenik

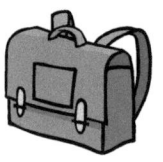

schooltas

torba

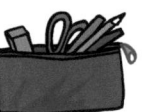

etui

pernica

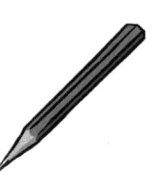

potlood

grafitna olovka

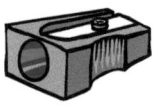

puntenslijper

šiljilo za olovke

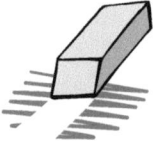

gum

gumica za brisanje

schetsblok

blok za crtanje

tekening

crtež

penseel

kist

verfdoos

kutija sa bojama

schaar

makaze

lijm

lepilo

schrift

beležnica

huiswerk

domaći zadatak

getal

broj

optellen

sabirati

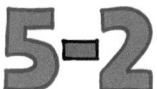

aftrekken

oduzimati

vermenigvuldigen

množiti

rekenen

računati

letter

slovo

alfabet

abeceda

woord

reč

tekst
tekst

lezen
čitati

krijt
kreda

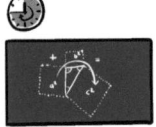

les
čas

klassenboek
dnevnik

examen
ispit

diploma
svedočanstvo

schooluniform
školska uniforma

opleiding
obrazovanje

encyclopedie
leksikon

universiteit
univerzitet

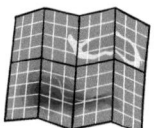

microscoop
mikroskop

kaart
karta

prullenmand
košara za papir

reis
putovanje

hotel
hotel
Grand
hostel
prenoćište
ROOMS
wisselkantoor
menjačnica
CHANGE
koffer
kofer
auto
auto

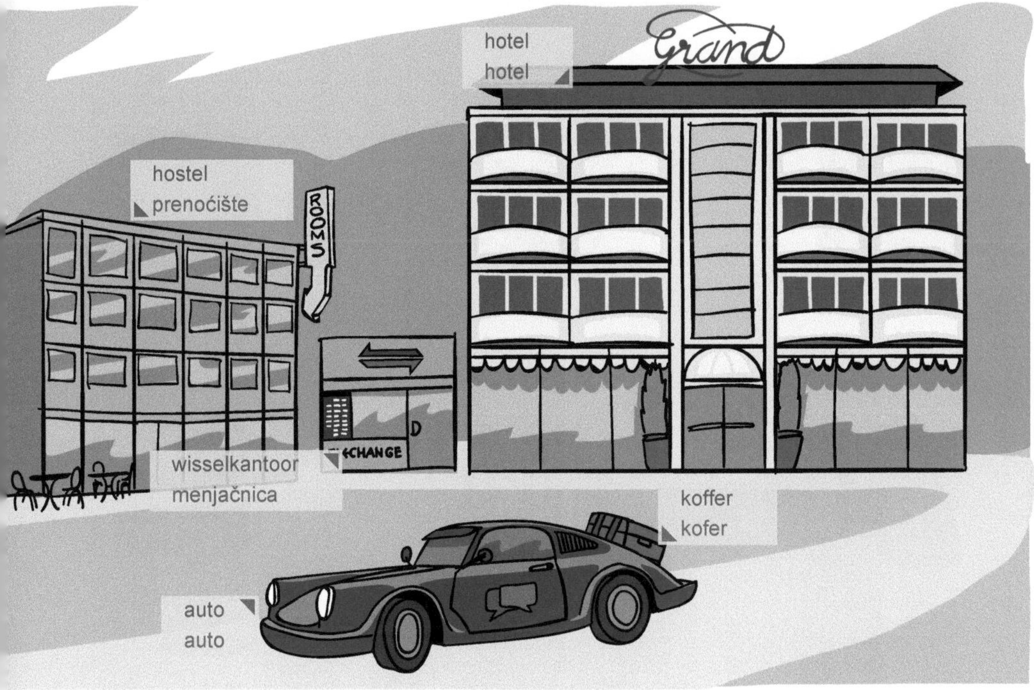

taal

jezik

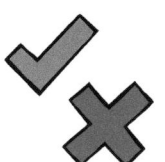

ja / nee

da / ne

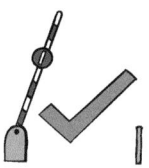

oké

okej

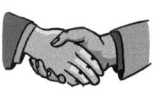

Hallo!

zdravo

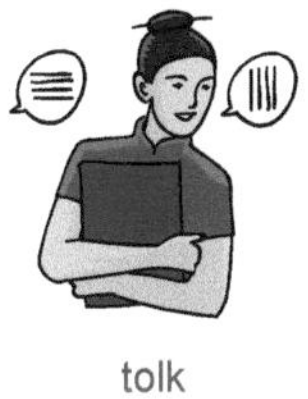

tolk

prevodilac

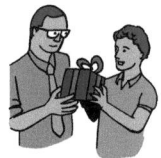

Bedankt.

hvala

Wat kost ...?

Koliko košta...?

Ik begrijp het niet.

ne razumem

probleem

problem

Goedenavond!

dobro veče!

Goedemorgen!

Dobro jutro!

Goedenacht!

Laku noć!

Tot ziens!

doviđenja

richting

smer

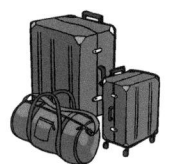

bagage

prtljaga

tas

torba

rugzak

ruksak

gast

gost

kamer

soba

slaapzak

vreća za spavanje

tent

šator

VVV-kantoor

turističke informacije

strand

plaža

creditkaart

kreditna kartica

ontbijt

doručak

lunch

ručak

diner

večera

kaartje

karta za vožnju

lift

lift

postzegel

poštanska markica

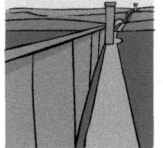

grens

granica

douane

carina

ambassade

ambasada

visum

viza

paspoort

pasoš

transport
transport

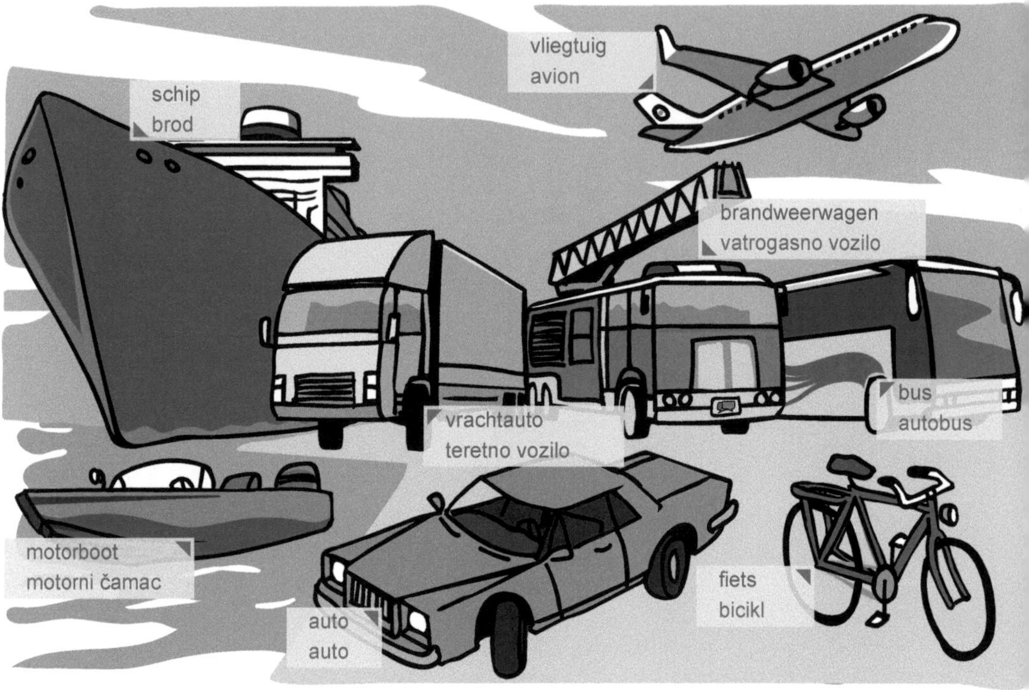

vliegtuig
avion
schip
brod
brandweerwagen
vatrogasno vozilo
bus
autobus
vrachtauto
teretno vozilo
motorboot
motorni čamac
fiets
bicikl
auto
auto

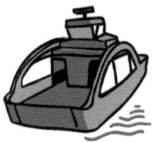

veerboot

trajekt

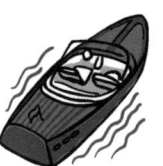

boot

čamac

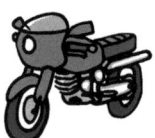

motorfiets

motocikl

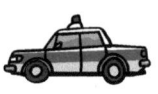

politiewagen

policijski auto

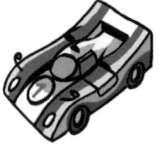

raceauto

trkaći auto

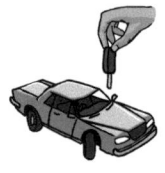

huurauto

iznajmljeno auto

carsharing

delenje automobila

takelwagen

vučno vozilo

vuilniswagen

vozilo za odvoz smeća

motor

motor

benzine

benzin

benzinepomp

benzinska stanica

verkeersbord

saobraćajni znak

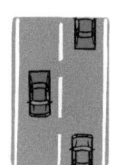

verkeer

saobraćaj

file

zastoj

parkeerplaats

parkiralište

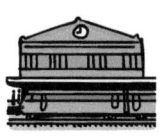

station

železnička stanica

rails

šine

trein

voz

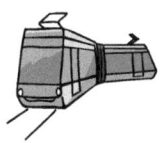

tram

tramvaj

wagon

vagon

helikopter
helikopter

luchthaven
aerodrom

toren
kula

passagier
putnik

container
kontejner

verhuisdoos
karton

kar
kolica

mand
korpa

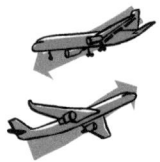

opstijgen / landen
uzleteti / sleteti

stad

grad

dorp
selo

stadscentrum
centar grada

huis
kuća

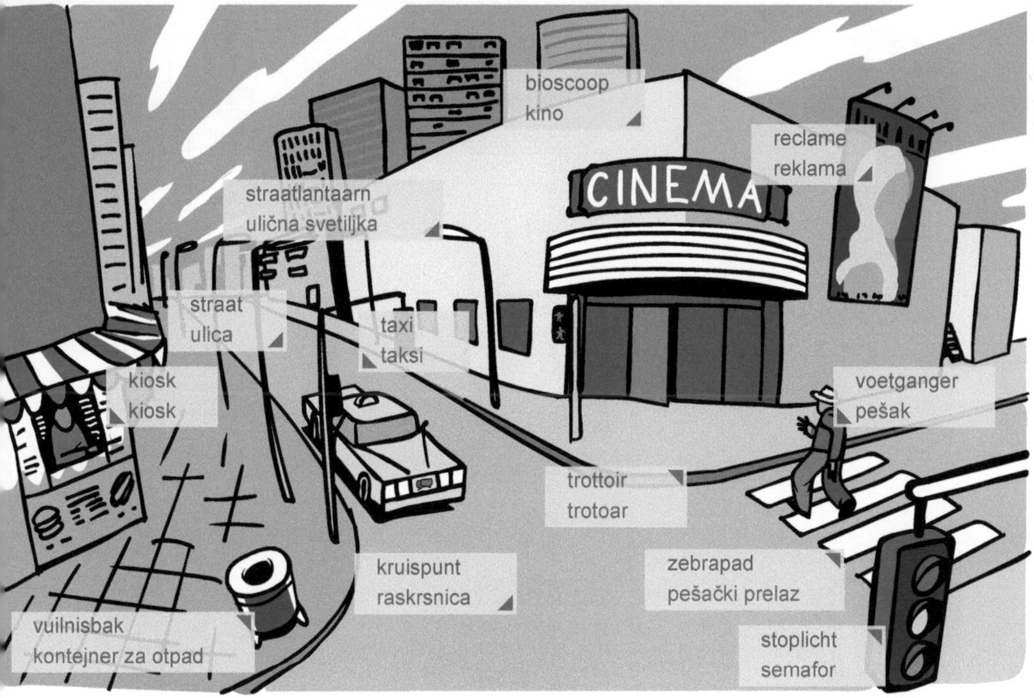

bioscoop
kino

reclame
reklama

straatlantaarn
ulična svetiljka

CINEMA

straat
ulica

taxi
taksi

kiosk
kiosk

voetganger
pešak

trottoir
trotoar

kruispunt
raskrsnica

zebrapad
pešački prelaz

vuilnisbak
kontejner za otpad

stoplicht
semafor

hut

koliba

appartement

stan

station

železnička stanica

stadhuis

većnica

museum

muzej

school

škola

universiteit
univerzitet

bank
banka

ziekenhuis
bolnica

hotel
hotel

apotheek
apoteka

kantoor
kancelarija

boekenwinkel
knjižara

winkel
prodavnica

bloemenwinkel
cvećara

supermarkt
supermarket

markt
trg

warenhuis
robna kuća

visboer
ribarnica

winkelcentrum
trgovački centar

haven
luka

park	bank	brug
park	klupa	most

trap	metro	tunnel
stepenice	podzemna železnica	tunel

bushalte	bar	restaurant
autobuska stanica	bar	restoran

brievenbus	straatnaambord	parkeermeter
poštansko sanduče	ulični znak	parkirni automat

dierentuin	zwembad	moskee
zoološki vrt	bazen	džamija

boerderij

seosko gazdinstvo

vervuiling

zagađenje okoline

begraafplaats

groblje

kerk

crkva

speelplaats

igralište

tempel

hram

landschap

pejsaž

blad
list

wegwijzer
putokaz

weg
put

weide
livada

steen
kamen

boom
drvo

wandelaar
šetač

rivier
reka

gras
trava

bloem
cvijet

vallei

dolina

berg

planina

meer

jezero

bos

šuma

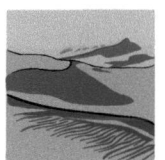

woestijn

pustinja

vulkaan

vulkan

kasteel

dvorac

regenboog

duga

paddenstoel

gljiva

palmboom

palma

mug

moskito

vlieg

muva

mier

mrav

bij

pčela

spin

pauk

kever
buba

kikker
žaba

eekhoorn
veverica

egel
jež

haas
zec

uil
sova

vogel
ptica

zwaan
labud

wild zwijn
divlja svinja

hert
jelen

eland
los

stuwdam
nasip

windmolen
vetrenjača

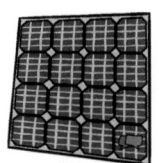

zonnepaneel
solarna ploča

klimaat
klima

restaurant
restoran

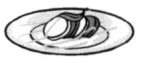

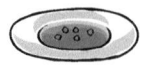

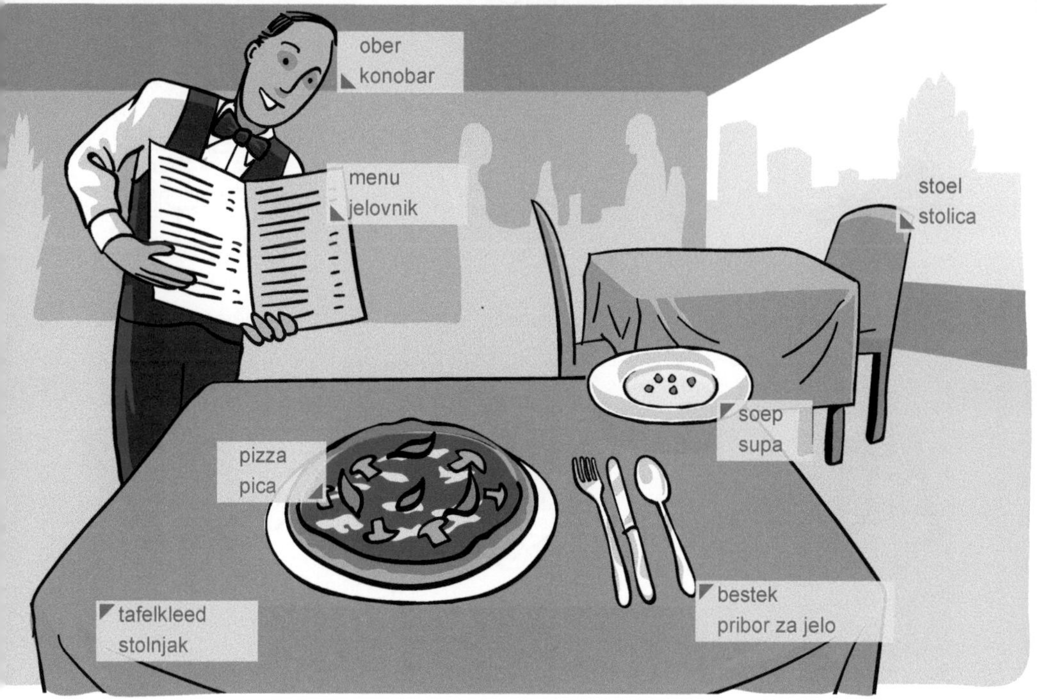
ober
konobar
menu
jelovnik
stoel
stolica
soep
supa
pizza
pica
tafelkleed
stolnjak
bestek
pribor za jelo

voorgerecht

predjelo

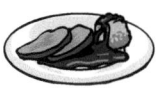

hoofdgerecht

glavno jelo

toetje

desert

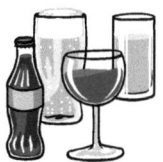

dranken

napitci

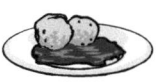

eten

jelo

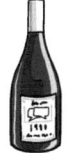

fles

flaša

fastfood

brza hrana

eetkraampje

imbis hrana

theepot

čajnik

suikerpot

doza za šećer

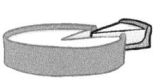

portie

porcija

espressomachine

aparat za espresso

kinderstoel

visoka stolica

rekening

račun

dienblad

poslužavnik

mes

nož

vork

viljuška

lepel

kašika

theelepel

čajna kašika

servet

salveta

glas

čaša

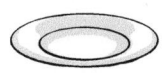

bord

tanjir

soepbord

tanjir za supu

schotel

tanjirić

saus

sos

zoutvaatje

soljenka

pepermolen

mlin za biber

azijn

sirće

olie

ulje

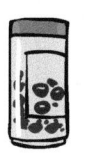

kruiden

začini

ketchup

kečap

mosterd

senf

mayonaise

majoneza

supermarkt
supermarket

aanbieding
ponuda
FOR
klant
kupac
zuivelproducten
mlečni proizvodi
fruit
voće
winkelwagen
kolica za kupovinu

BUTCHERS

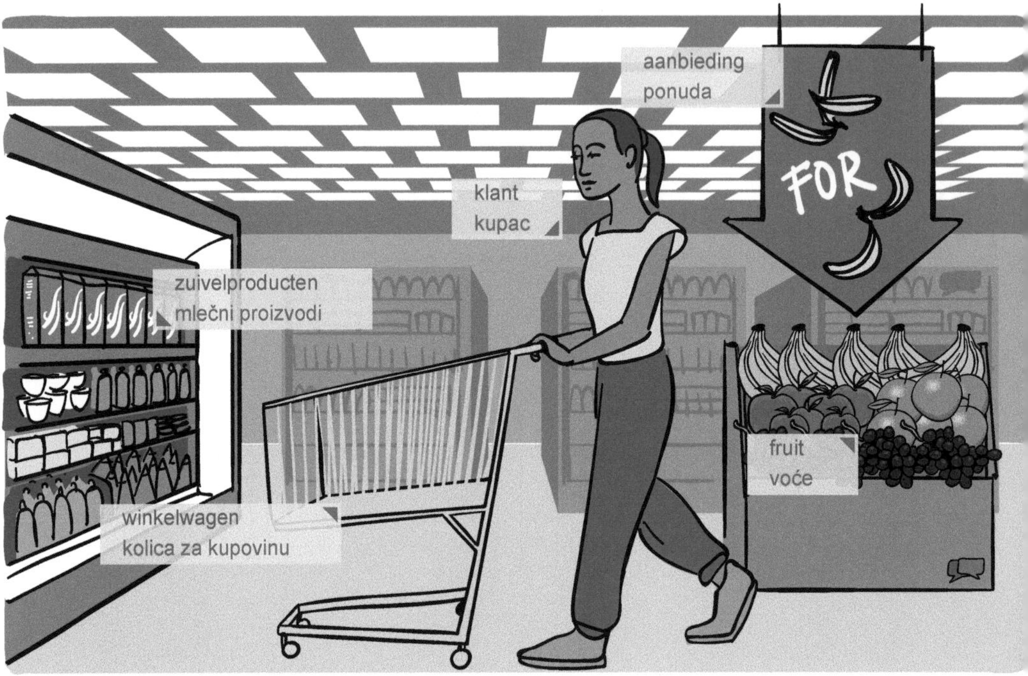

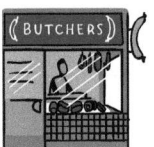

slager

mesnica

BAKERY

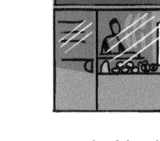

bakkerij

pekara

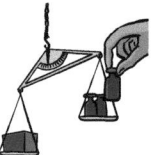

wegen

vagati

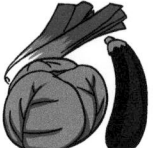

groente

povrće

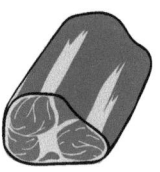

vlees

meso

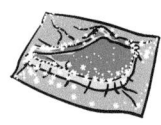

diepvriesproducten

smrznuta hrana

vleeswaren

narezak

conserven

konzerve

wasmiddel

sredstvo za pranje

snoepgoed

slatkiši

huishoudelijke artikelen

artikli za domaćinstvo

schoonmaakmiddel

sredstva za čišćenje

verkoopster

prodavačica

kassa

blagajna

kassier

blagajnik

boodschappenlijstje

lista za kupovinu

openingstijden

vreme rada

portefeuille

novčanik

creditkaart

kreditna kartica

tas

torba

plastic zak

plastična kesa

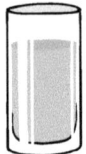

water

voda

sap

sok

melk

mleko

cola

kola

wijn

vino

bier

pivo

alcohol

alkohol

chocolademelk

kakao

thee

čaj

koffie

kava

espresso

espresso

cappuccino

cappuccino

banaan

banana

appel

jabuka

sinaasappel

narandža

watermeloen

lubenica

citroen

limun

wortel

šargarepa

knoflook

beli luk

bamboe

bambus

ui

luk

paddenstoel

gljiva

noten

orašasti plodovi

pasta

rezanci

spaghetti

špagete

rijst

riža

salade

salata

friet

pomfrit

gebakken aardappelen

pečeni krumpir

pizza

pica

hamburger

hamburger

sandwich

sendvič

schnitzel

šnicla

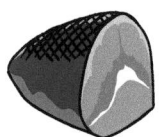

ham

šunka

salami

salama

worst

kobasica

kip

kokoš

gebraad

pečenje

vis

riba

havermout

zobene pahuljice

muesli

musli

cornflakes

kukuruzne pahuljice

meel

brašno

croissant

kroasan

broodjes

pecivo

brood

hleb

toast

toast

koekjes

keksi

boter

maslac

kwark

sveži sir

taart

kolač

ei

jaje

gebakken ei

jaje na oko

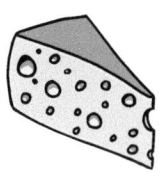

kaas

sir

ijs

sladoled

suiker

šećer

honing

med

jam

marmelada

chocoladepasta

nugat krema

kerrie

kari

boerderij

seosko gazdinstvo

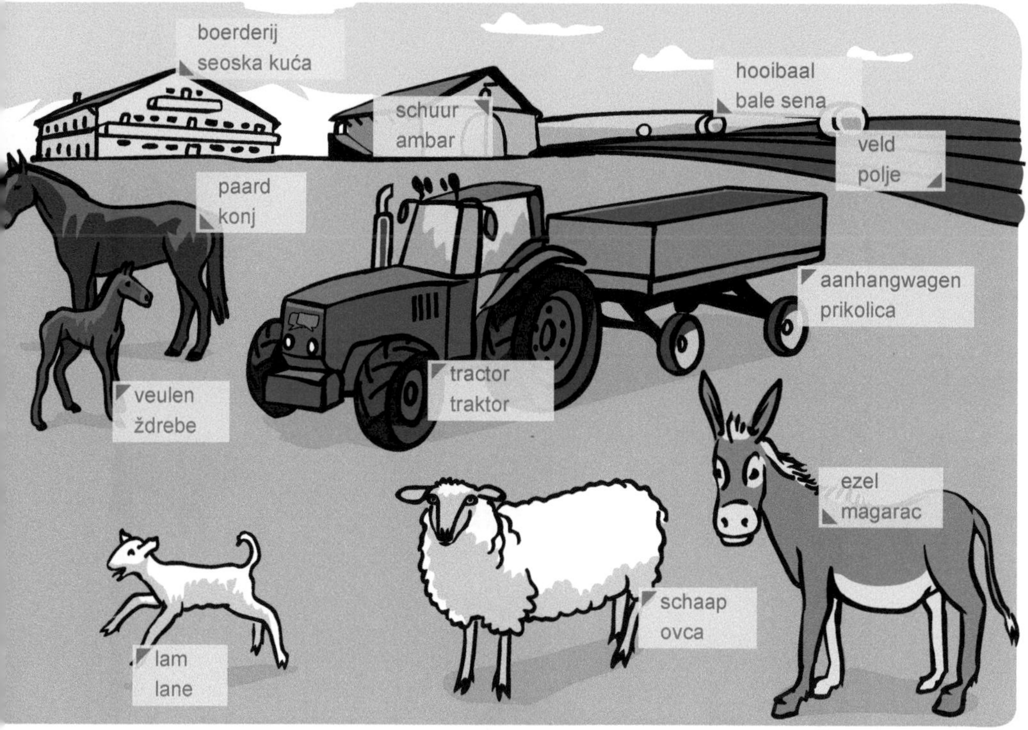
boerderij
seoska kuća
schuur
ambar
hooibaal
bale sena
veld
polje
paard
konj
aanhangwagen
prikolica
tractor
traktor
veulen
ždrebe
ezel
magarac
schaap
ovca
lam
lane

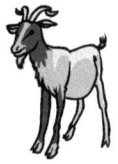

geit

koza

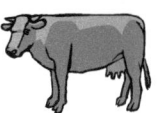

koe

krava

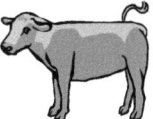

kalf

tele

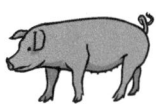

varken

svinja

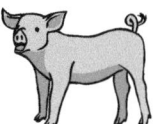

big

prase

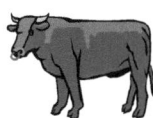

stier

bik

gans
guska

eend
patka

kuiken
pilići

kip
kokoš

haan
petao

rat
pacov

kat
mačka

muis
miš

os
vol

hond
pas

hondenhok
kućica za psa

tuinslang
vrtno crevo

gieter
kanta za polivanje

zeis
kosa

ploeg
plug

sikkel

srp

schoffel

motika

hooivork

viljuška za đubrivo

bijl

sekira

kruiwagen

tačke

trog

korito

melkbus

posuda za mleko

zak

vreća

hek

ograda

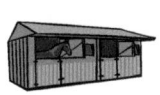

stal

štala

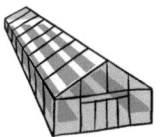

broeikas

staklenik

grond

zemlja

zaad

seme

mest

đubrivo

maaidorser

kombajn

oogsten

žeti

oogst

žetva

yam

jams začin

tarwe

pšenica

soja

soja

aardappel

krumpir

maïs

kukuruz

koolzaad

uljana repica

fruitboom

voćka

maniok

gomolj manioke

granen

žitarice

huis

kuća

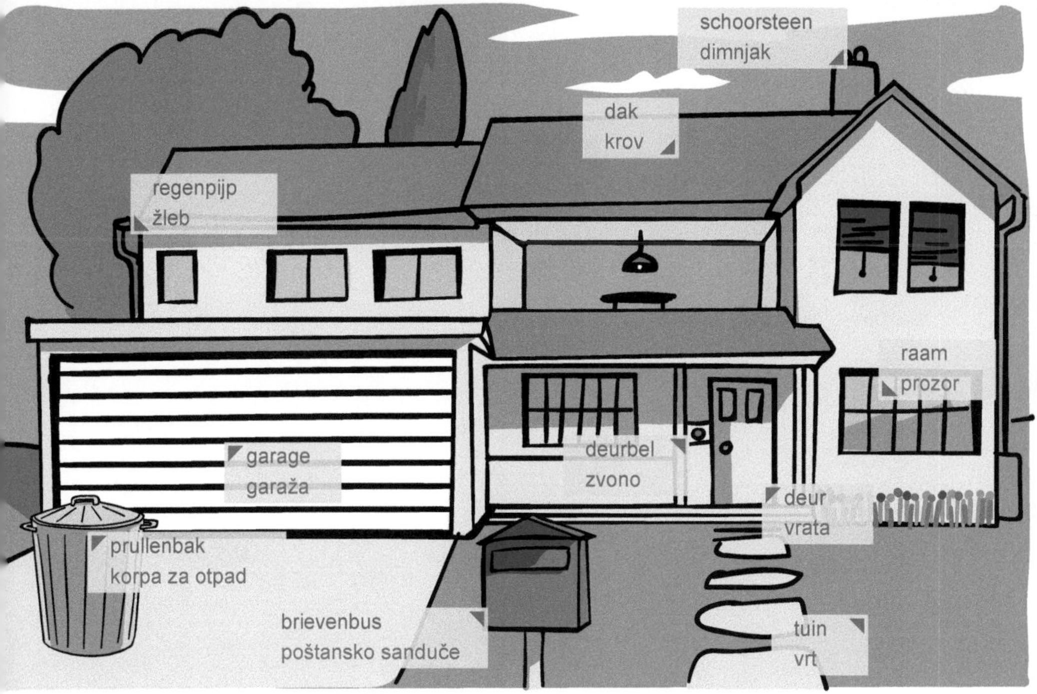

schoorsteen
dimnjak
dak
krov
regenpijp
žleb
raam
prozor
garage
garaža
deurbel
zvono
deur
vrata
prullenbak
korpa za otpad
brievenbus
poštansko sandučе
tuin
vrt

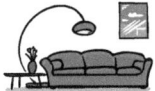

woonkamer

dnevna soba

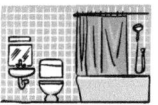

badkamer

kupaonica

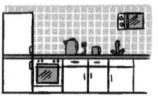

keuken

kuhinja

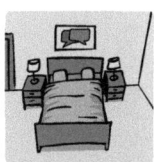

slaapkamer

spavaća soba

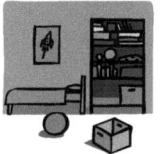

kinderkamer

dečija soba

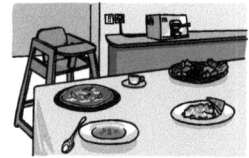

eetkamer

trpezarija

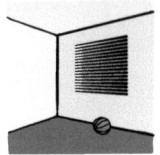

vloer

pod

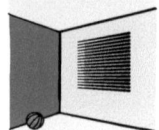

muur

zid

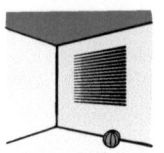

plafond

strop

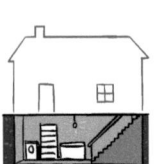

kelder

podrum

sauna

sauna

balkon

balkon

terras

terasa

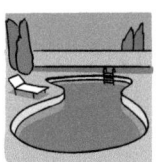

zwembad

bazen

grasmaaier

kosilica za travu

laken

posteljina za krevet

bedsprei

deka za krevet

bed

krevet

bezem

metla

emmer

kanta

schakelaar

prekidač

woonkamer
dnevna soba

behang
tapeta
foto
slika
lamp
svetiljka
plank
regal
kast
ormar
televisie
televizija
open haard
kamin
bloem
cvijet
kussen
jastuk
bankstel
kauč
vaas
vaza
afstandsbediening
daljinski upravljač

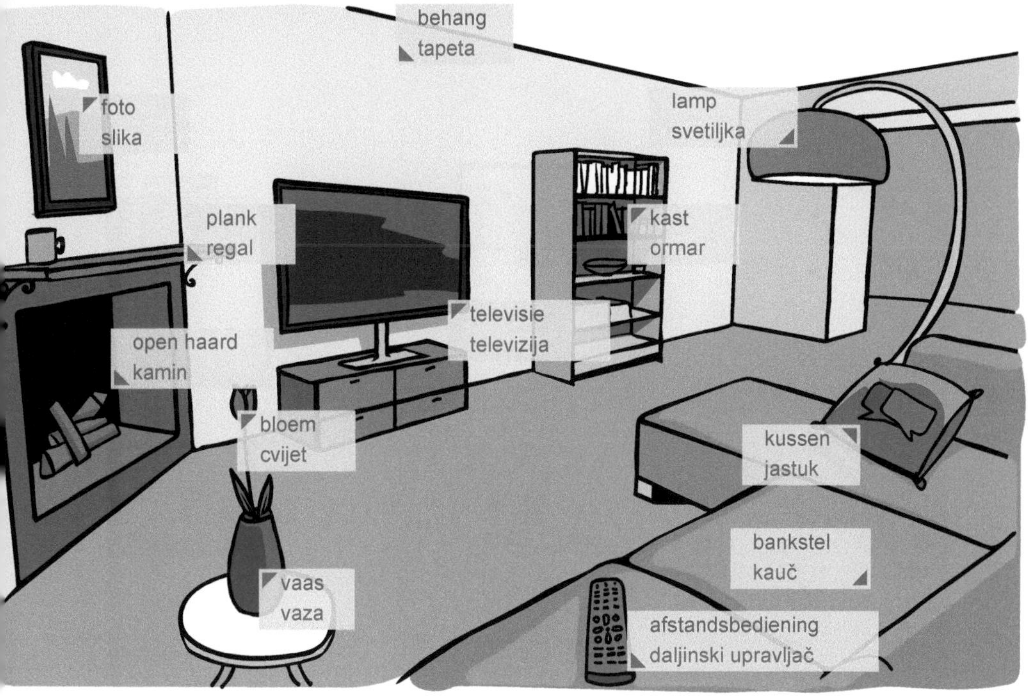

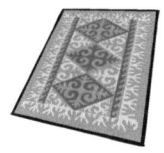

tapijt

tepih

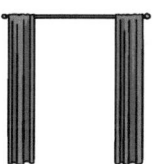

gordijn

zavesa

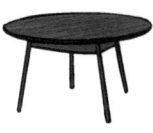

tafel

sto

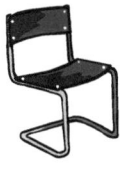

stoel

stolica

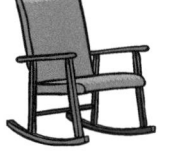

schommelstoel

stolica za njihanje

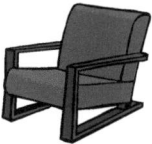

stoel

fotelja

boek
....
knjiga

deken
....
deka

decoratie
....
dekoracija

brandhout
....
drvo za ogrev

film
....
film

stereo-installatie
....
hi-fi uređaj

sleutel
....
ključ

krant
....
novine

schilderij
....
slika na platnu

poster
....
poster

radio
....
radio

kladblok
....
blok za pisanje

stofzuiger
....
usisivač

cactus
....
kaktus

kaars
....
sveća

keuken
kuhinja

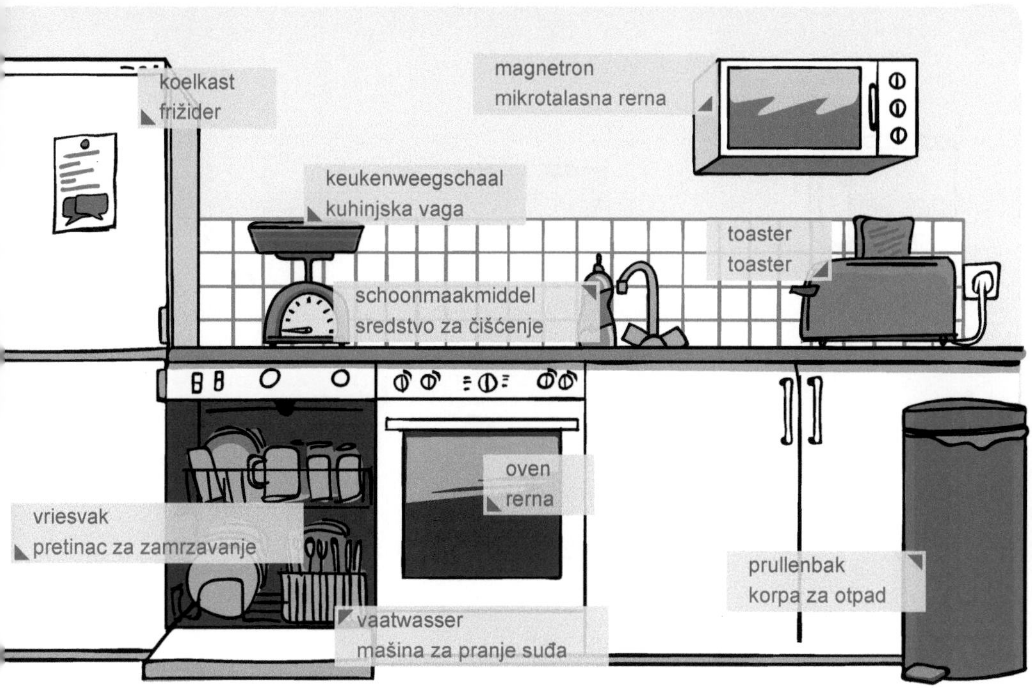
koelkast
frižider
magnetron
mikrotalasna rerna
keukenweegschaal
kuhinjska vaga
toaster
toaster
schoonmaakmiddel
sredstvo za čišćenje
oven
rerna
vriesvak
pretinac za zamrzavanje
prullenbak
korpa za otpad
vaatwasser
mašina za pranje suđa

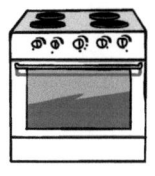

fornuis

šporet

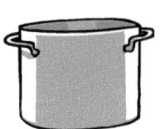

pan

lonac

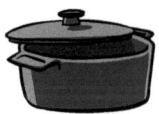

gietijzeren pan

gvozdeni lonac

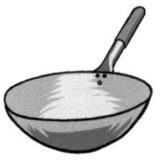

wok / kadai

wok / kadai

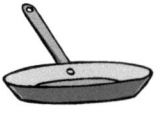

koekenpan

tava

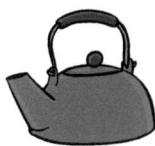

ketel

kuvalo za vodu

stoomkoker

kuvalo na paru

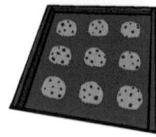

bakplaat

lim za pečenje

servies

posuđe

beker

čaša

kom

posuda

eetstokjes

štapići za jelo

soeplepel

kutlača

spatel

lopatica

garde

penjača

vergiet

sito za kuvanje

zeef

sito

rasp

ribež

vijzel

mužar

barbecue

roštilj

vuurhaard

ognjište

snijplank

daska

deegroller

oklagija

kurkentrekker

vadičep

blik

konzerva

blikopener

otvarač konzervi

pannenlap

krpa za lonac

wasbak

sudoper

borstel

četka

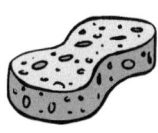

spons

sunđer

blender

mikser

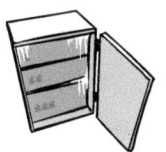

vriezer

zamrzivač

babyflesje

flašica za bebe

kraan

slavina za vodu

badkamer
kupaonica

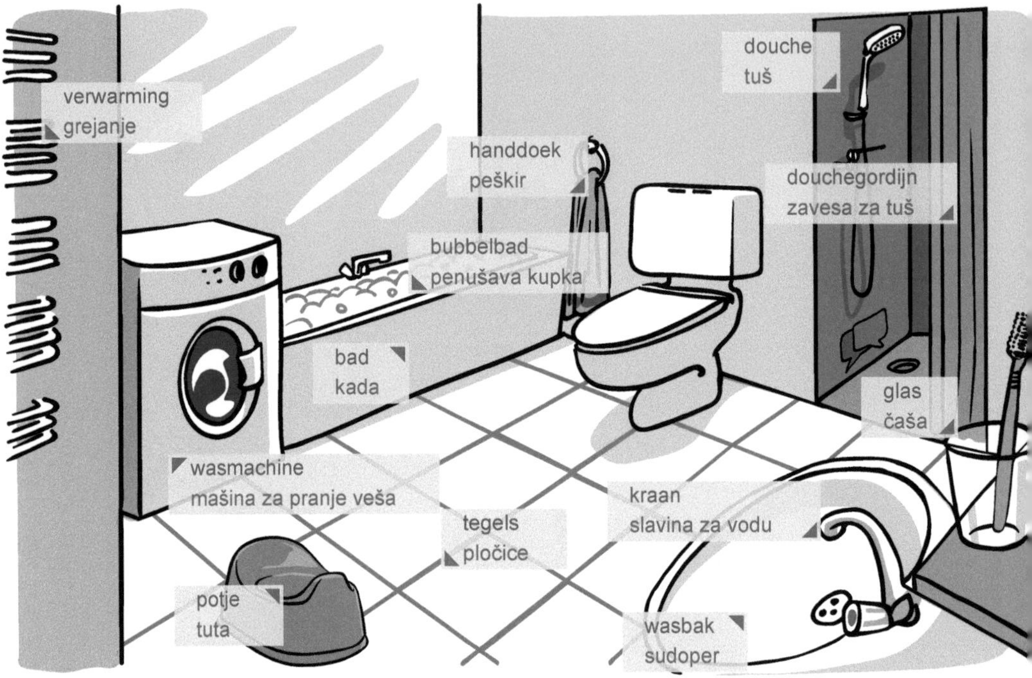

verwarming
grejanje
handdoek
peškir
douche
tuš
douchegordijn
zavesa za tuš
bubbelbad
penušava kupka
bad
kada
glas
čaša
wasmachine
mašina za pranje veša
kraan
slavina za vodu
tegels
pločice
potje
tuta
wasbak
sudoper

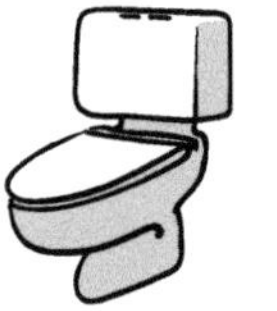

toilet

toalet

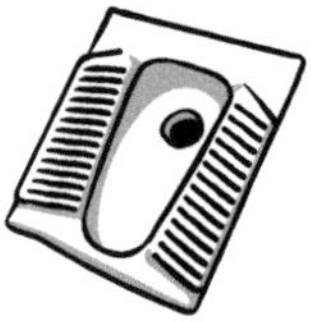

hurktoilet

čučavac

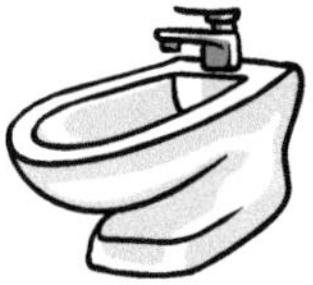

bidet

bidet

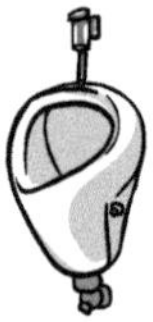

urinoir

pisoar

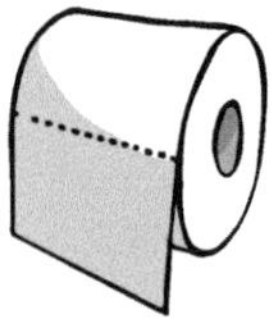

toiletpapier

toaletni papir

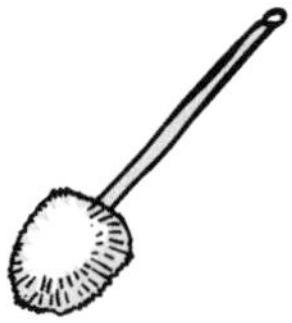

toiletborstel

četka za toalet

tandenborstel
četkica za zube

tandpasta
pasta za zube

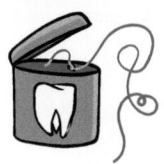

flosdraad
konac za zube

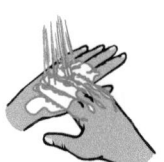

wassen
prati

handdouche
tuš ručica

toiletdouche
tuš za pranje intimnih delova

waskom
lavor

rugborstel
četka za pranje leđa

zeep
sapun

douchegel
gel za tuširanje

shampoo
šampon

washanje
krpa za pranje

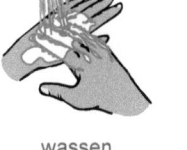

afvoer
odvod

creme
krema

deodorant
dezodorans

spiegel

ogledalo

make-upspiegel

kozmetičko ogledalo

scheermes

brijač

scheerschuim

pena za brijanje

aftershave

losion za posle brijanja

kam

češalj

borstel

četka

haardroger

fen za kosu

haarspray

sprej za kosu

make-up

makeup

lippenstift

ruž za usne

nagellak

lak za nokte

watten

vata

nagelschaartje

makaze za nokte

parfum

parfem

toilettas

kozmetička torbica

kruk

stolica

weegschaal

vaga

badjas

ogrtač

rubber handschoenen

rukavice za čišćenje

tampon

tampon

maandverband

uložak

chemisch toilet

hemijski toalet

kinderkamer
dečija soba

wekker
budilnik
knuffeldier
plišana igračka
speelgoedauto
auto igračka
rammelaar
zvečka
poppenhuis
kućica za lutke
cadeau
poklon

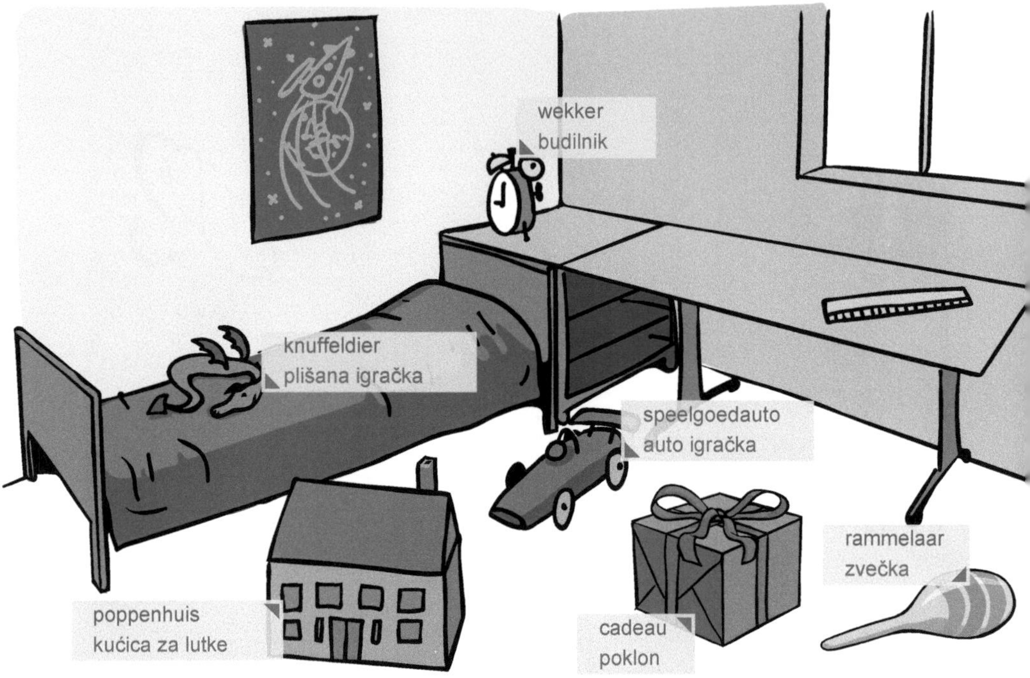

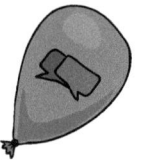

ballon
balon

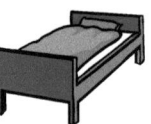

bed
krevet

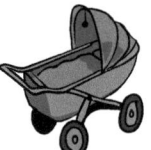

kinderwagen
dječija kolica

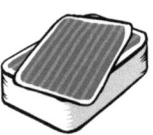

kaartspel
igra s kartama

puzzel
slagalica

SUPER
MEGA

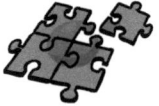

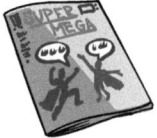

stripverhaal
strip

legostenen

lego kockice

speelgoedblokken

kockice za slaganje

actiefiguurtje

akcioni junak

romper

benkica za bebe

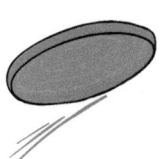

frisbee

frizbi

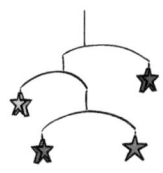

mobile

viseće igračke

bordspel

društvene igre

dobbelsteen

kocka

modeltrein

minijaturna željeznica

speen

duda

feestje

zabava

prentenboek

slikovnica

bal

lopta

pop

lutka

spelen

igrati

zandbak

pješčanik

schommel

ljuljačka

speelgoed

igračka

spelcomputer

konzola za igre

driewieler

tricikl

teddybeer

tedi

kleerkast

ormar

kleding

odeća

sokken

kratke čarape

kousen

čarape

panty

hulahopke

sjaal
šal

paraplu
kišobran

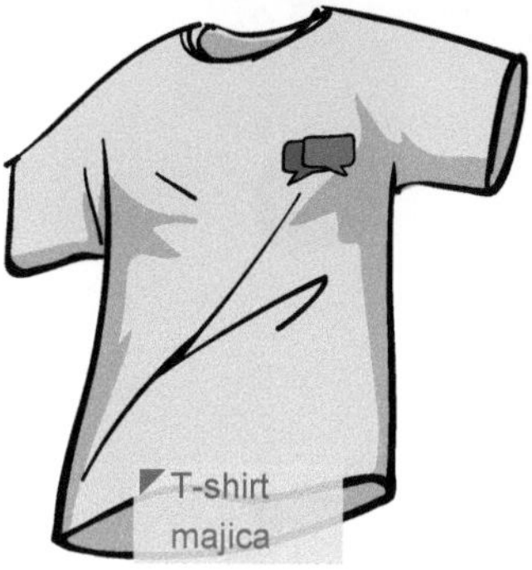

riem
kaiš

T-shirt
majica

sportschoenen
patike

laarzen
čizme

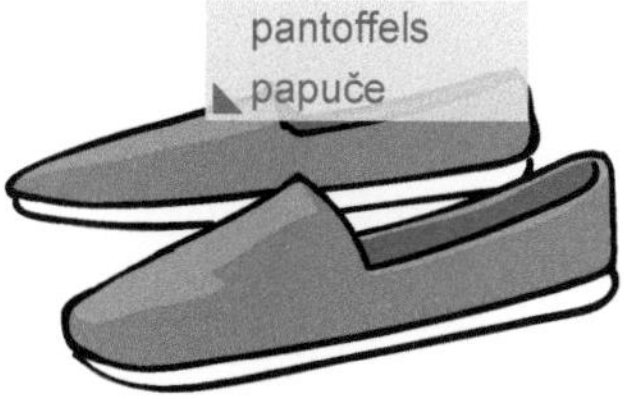

pantoffels
papuče

sandalen
....
sandale

schoenen
....
cipele

rubberlaarzen
....
gumene čizme

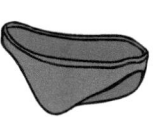

onderbroek
....
gaćice

beha
....
grudnjak

onderhemd
....
potkošulja

kleding - odeća

45

body

bodi

broek

pantalone

spijkerbroek

farmerke

rok

suknja

blouse

bluza

overhemd

košulja

trui

džemper

hoody

džemper s kapuljačom

blazer

sako

jas

jakna

mantel

kaput

regenjas

kabanica

kostuum

kostim

jurk

haljina

trouwjurk

venčanica

pak
odelo

nachthemd
spavaćica

pyjama
pidžama

sari
sari

hoofddoek
marama za glavu

tulband
turban

boerka
burka

kaftan
kaftan

abaja
abaja

zwempak
kupaći kostim

zwembroek
kupaće gaćice

korte broek
kratke pantalone

trainingspak
odeća za trening

schort
kecelja

handschoenen
rukavice

knoop

dugme

bril

naočare

armband

narukvica

ketting

ogrlica

ring

prsten

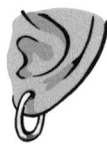

oorbel

naušnica

pet

kapa

kledinghanger

vešalica

hoed

šešir

stropdas

kravata

rits

patent zatvarač

helm

kaciga

bretels

naramenice

schooluniform

školska uniforma

uniform

uniforma

slabbetje

podbradak

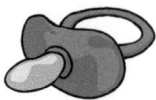

speen

duda

luier

pelena

kantoor
kancelarija

server
server

archiefkast
ormar za spise

printer
štampač

beeldscherm
monitor

papier
papir

bureau
pisaći stol

muis
miš

map
mapa

toetsenbord
tastatura

prullenmand
košara za papir

computer
kompjuter

stoel
stolica

koffiemok

šalica za kavu

rekenmachine

kalkulator

internet

internet

laptop

laptop

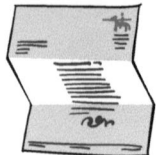

brief

pismo

bericht

poruka

mobiele telefoon

mobilni telefon

netwerk

mreža

kopieermachine

uređaj za kopiranje

software

softver

telefoon

telefon

stopcontact

utičnica

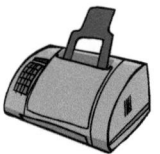

fax

faks

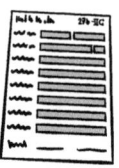

formulier

formular

document

dokument

kantoor - kancelarija

kopen

kupovati

betalen

platiti

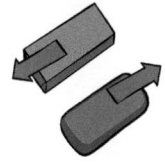

handel drijven

trgovati

geld

novac

USD

dollar

dolar

EUR

euro

evro

JPY

yen

jen

RUB

roebel

rublja

CHF

Zwitserse frank

švajcarski franak

CNY

renminbi yuan

renmindbi juan

INR

roepie

rupija

geldautomaat

automat za novac

wisselkantoor

menjačnica

goud

zlato

zilver

srebro

olie

nafta

energie

energija

prijs

cena

contract

ugovor

belasting

porez

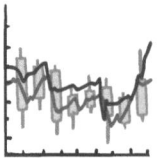

aandeel

deonica

werken

raditi

werknemer

službenik

werkgever

poslodavac

fabriek

fabrika

winkel

prodavnica

beroepen
zanimanja

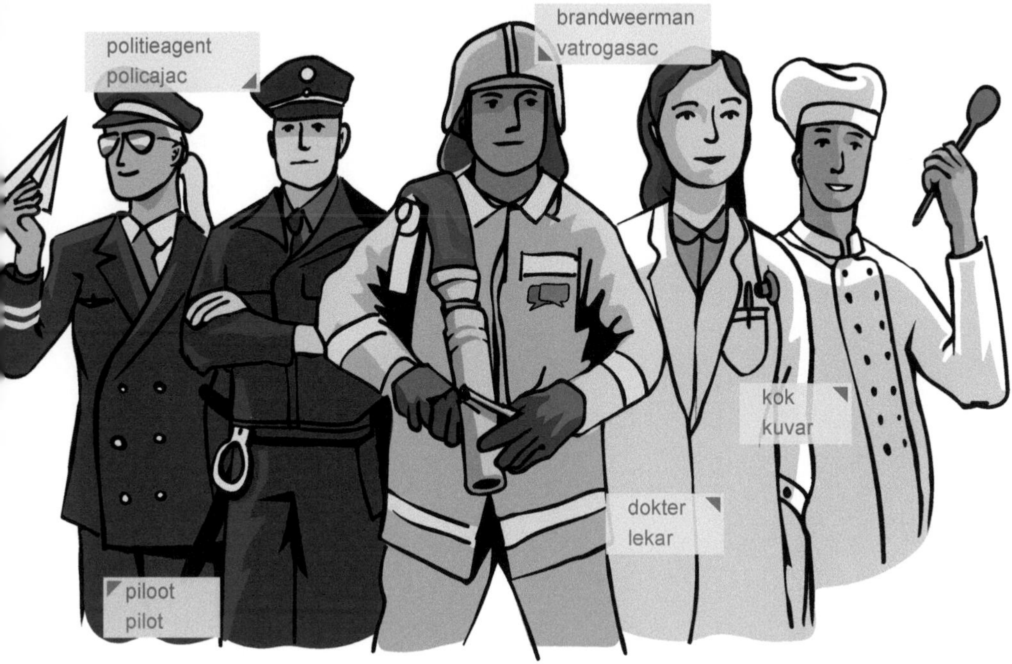
politieagent
policajac
brandweerman
vatrogasac
kok
kuvar
dokter
lekar
piloot
pilot

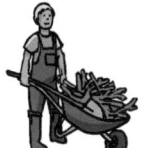

tuinman

vrtlar

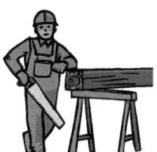

timmerman

stolar

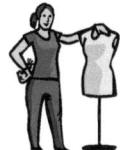

naaister

krojačica

rechter

sudija

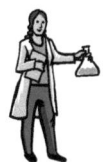

scheikundige

hemičar

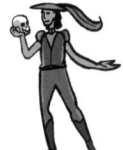

toneelspeler

glumac

buschauffeur

vozač autobusa

taxichauffeur

vozač taksija

visser

ribar

schoonmaakster

čistačica

dakdekker

krovopokrivač

ober

konobar

jager

lovac

schilder

slikar

bakker

pekar

elektricien

električar

bouwvakker

građevinski radnik

ingenieur

inženjer

slager

mesar

loodgieter

limar

postbode

poštar

soldaat

vojnik

architect

arhitekta

kassier

blagajnik

bloemist

cvećar

kapper

frizer

conducteur

kondukter

monteur

mehaničar

kapitein

kapetan

tandarts

zubar

wetenschapper

naučnik

rabbi

rabi

imam

imam

monnik

monah

pastoor

svećenik

gereedschap
alati

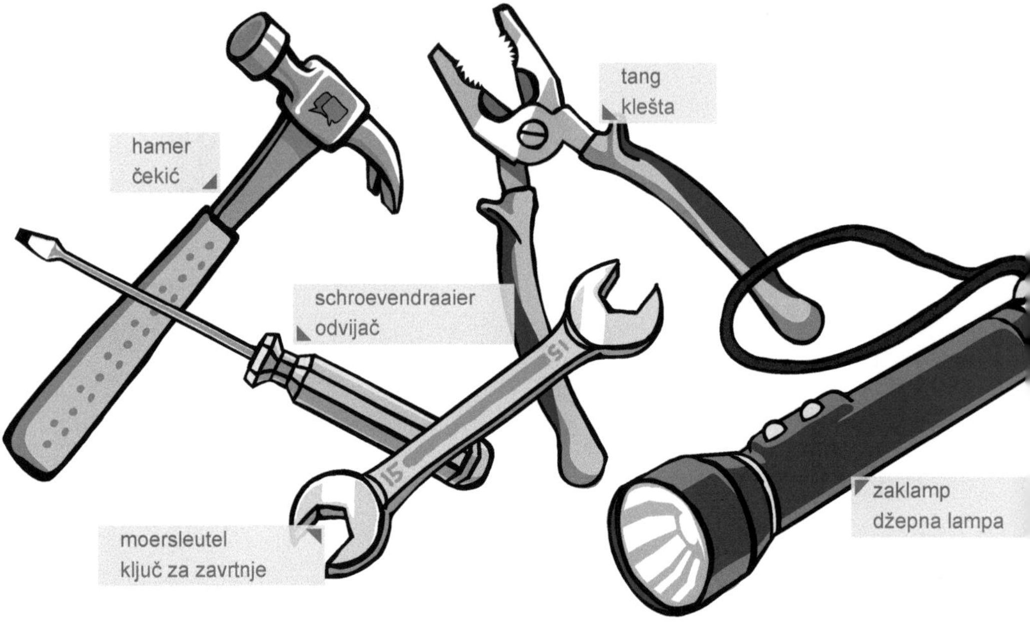
tang
klešta
hamer
čekić
schroevendraaier
odvijač
zaklamp
džepna lampa
moersleutel
ključ za zavrtnje

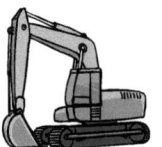

graafmachine

bager

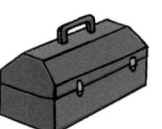

gereedschapskist

kutija za alat

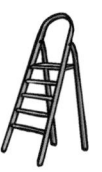

ladder

merdevine

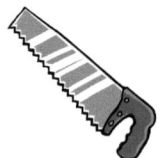

zaag

pila

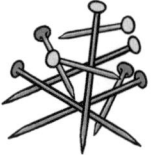

spijkers

ekser

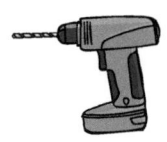

boor

bušilica

repareren	schep	Verdorie!
popraviti	lopata	do đavola!

stofblik	verfpot	schroeven
lopatica	lonac za boju	zavrtanji

muziekinstrumenten
muzički instrument

drumstel
bubnjevi

luidspreker
zvučnik

gitaar
gitara

contrabas
kontrabas

trompet
truba

piano

klavir

viool

violina

bas

bas

pauk

timpani

trommel

udaraljke za bubnjeve

keyboard

tipke klavira

saxofoon

saksofon

fluit

flauta

microfoon

mikrofon

dierentuin
zoološki vrt

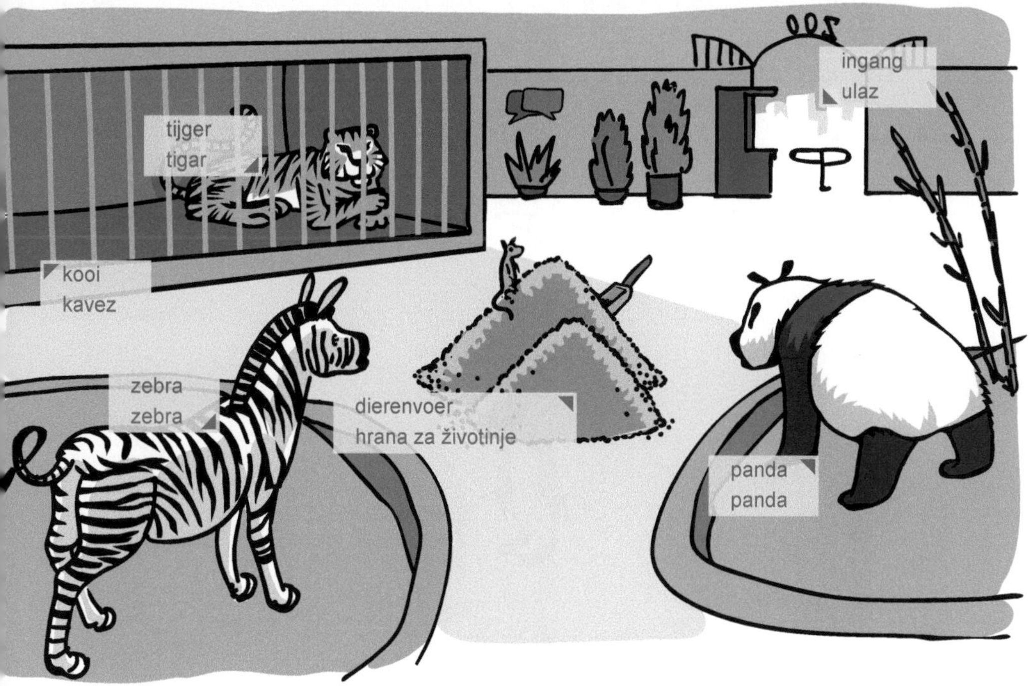

ingang
ulaz
tijger
tigar
kooi
kavez
zebra
zebra
dierenvoer
hrana za životinje
panda
panda

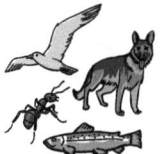

dieren

životinje

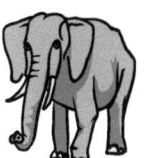

olifant

slon

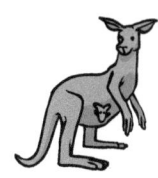

kangoeroe

kengur

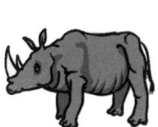

neushoorn

nosorog

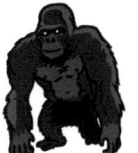

gorilla

gorila

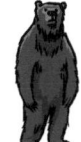

beer

medved

kameel

kamila

struisvogel

noj

leeuw

lav

aap

majmun

flamingo

flamingo

papegaai

papagaj

ijsbeer

polarni medved

pinguïn

pingvin

haai

ajkula

pauw

paun

slang

zmija

krokodil

krokodil

dierenverzorger

čuvar u zoološkom vrtu

zeehond

tuljan

jaguar

jaguar

pony

poni

luipaard

leopard

nijlpaard

nilski konj

giraffe

žirafa

adelaar

orao

wild zwijn

divlja svinja

vis

riba

schildpad

kornjača

walrus

morž

vos

lisica

gazelle

gazela

American football
američki nogomet

wielrennen
biciklizam

tennis
tenis

basketbal
košarka

zwemmen
plivanje

boksen
boks

ijshockey
hokej na ledu

voetbal
fudbal

badminton
badminton

atletiek
atletika

handbal
rukomet

skiën
skijanje

polo
polo

activiteiten
aktivnosti

springen
skočiti
knuffelen
zagrliti
lachen
smejati se
lopen
ići
zingen
pevati
dromen
sanjati
bidden
moliti se
kussen
poljubiti

A

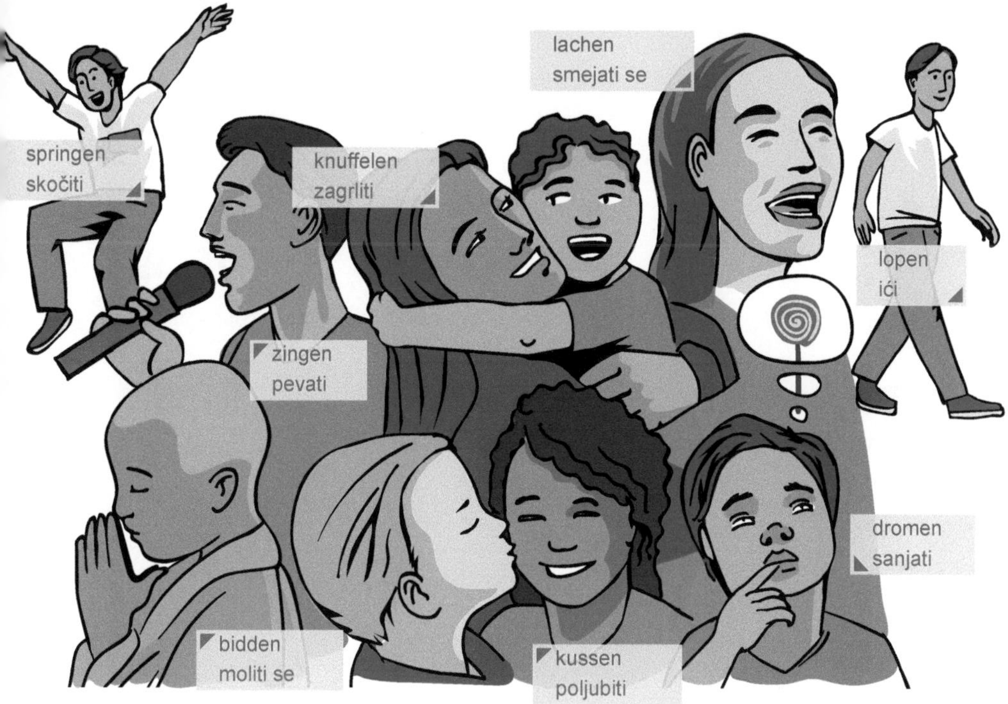

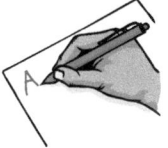

schrijven
pisati

tekenen
crtati

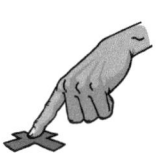

tonen
pokazati

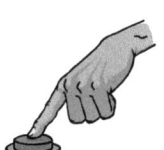

duwen
gurati

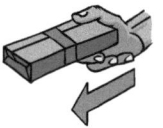

geven
dati

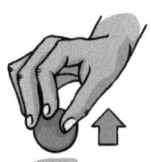

oppakken
uzeti

hebben
imati

doen
činiti

zijn
biti

staan
stojati

rennen
trčati

trekken
povlačiti

gooien
baciti

vallen
padati

liggen
ležati

wachten
čekati

dragen
nositi

zitten
sediti

aankleden
oblačiti

slapen
spavati

wakker worden
probuditi se

bekijken

gledati

huilen

plakati

strelen

milovati

kammen

češljati

praten

govoriti

begrijpen

razumeti

vragen

pitati

horen

slušati

drinken

piti

eten

jesti

opruimen

pospremiti

houden van

voleti

koken

kuhati

rijden

voziti

vliegen

leteti

zeilen

ploviti

rekenen

računati

lezen

čitati

leren

učiti

werken

raditi

trouwen

venčati se

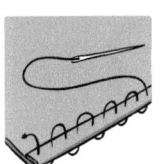

naaien

šiti

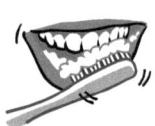

tandenpoetsen

prati zube

doden

ubiti

roken

pušiti

verzenden

poslati

familie
porodica

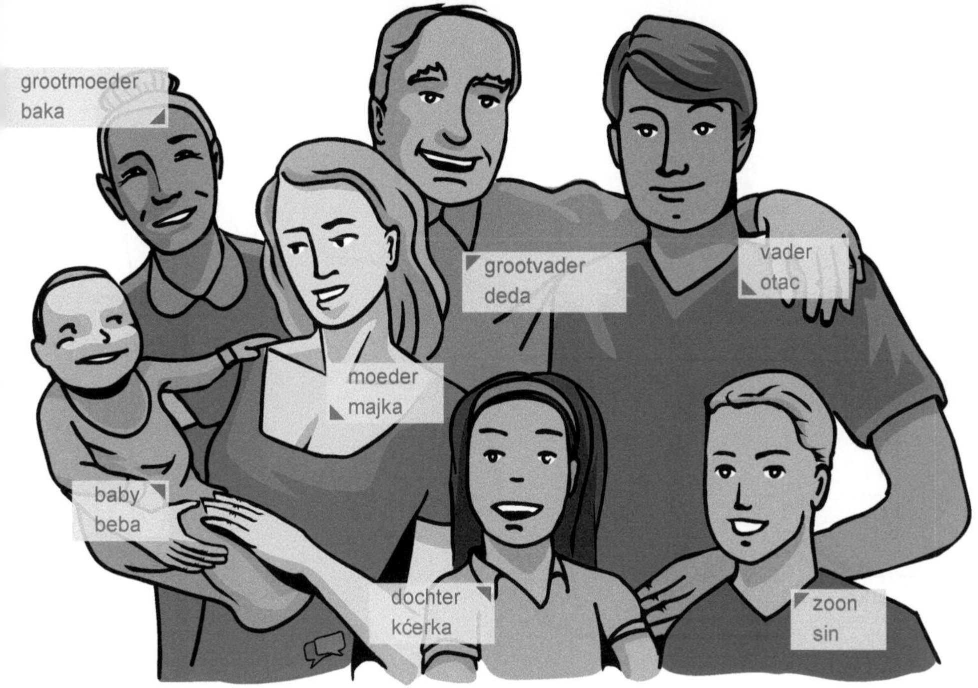

grootmoeder
baka
grootvader
deda
vader
otac
moeder
majka
baby
beba
dochter
kćerka
zoon
sin

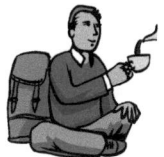

gast

gost

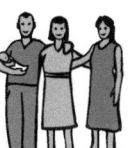

tante

tetka

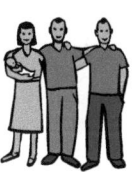

oom

ujak, stric

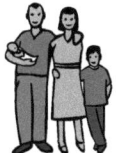

broer

brat

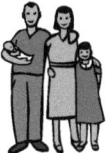

zus

sestra

lichaam
telo

voorhoofd
čelo
oog
oko
schouder
rame
vinger
prst
gezicht
lice
kin
brada
hand
ruka
borst
grudi
been
noga
arm
ruka

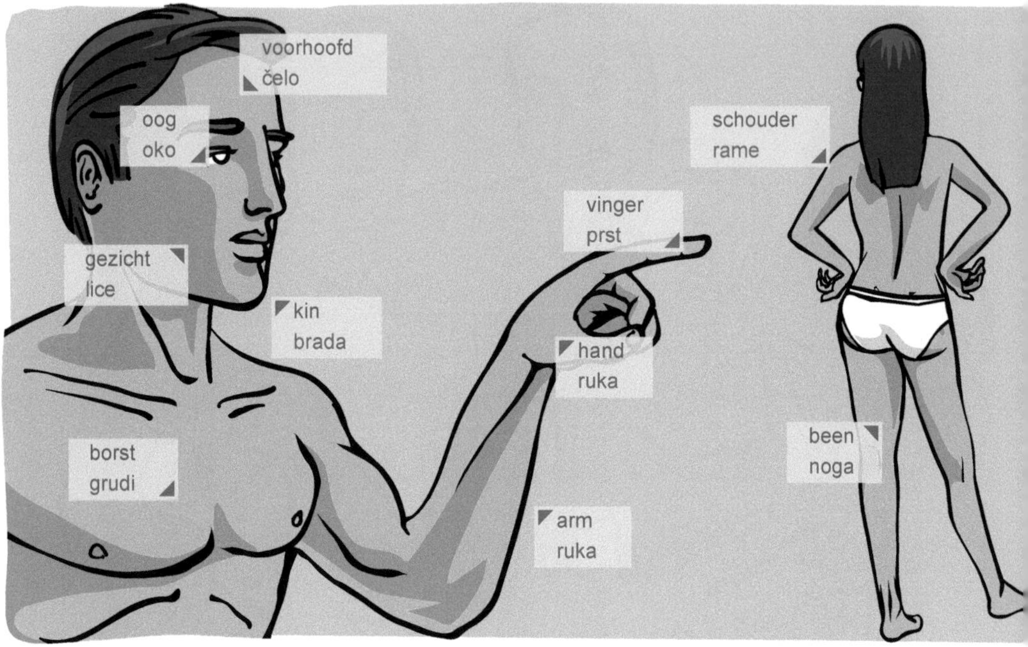

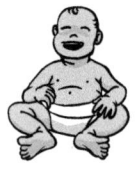

baby
beba

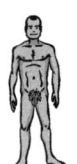

man
muškarac

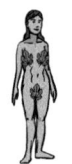

vrouw
žena

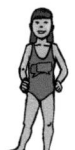

meisje
devojčica

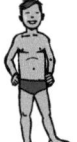

jongen
dečak

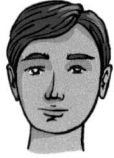

hoofd
glava

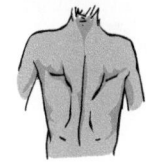

rug

leđa

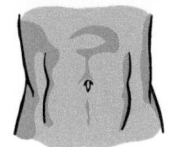

buik

stomak

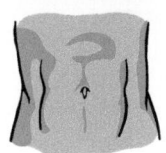

navel

pupak

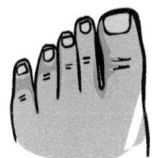

teen

nožni prst

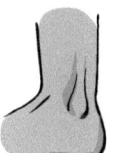

hiel

peta

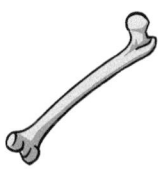

bot

kost

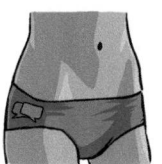

heup

kukovi

knie

koleno

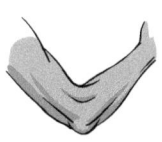

elleboog

lakat

neus

nos

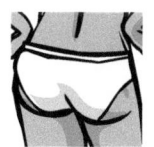

achterwerk

zadnjica

huid

koža

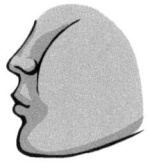

wang

obraz

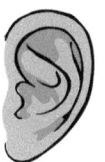

oor

uvo

lippen

usna

mond
usta

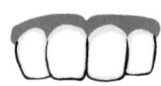

tand
zub

tong
jezik

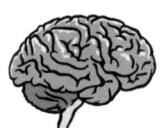

hersenen
mozak

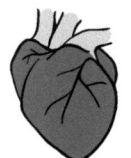

hart
srce

spier
mišić

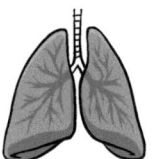

long
pluća

lever
jetra

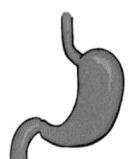

maag
želudac

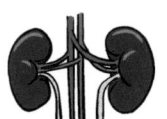

nieren
bubrezi

geslachtsgemeenschap
polni odnos

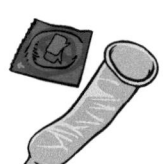

condoom
kondom

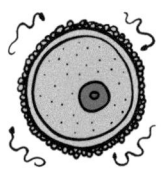

eicel
jajna ćelija

sperma
sperma

zwangerschap
trudnoća

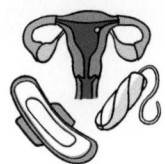

menstruatie

menstruacija

vagina

vagina

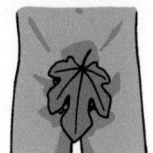

penis

penis

wenkbrauw

obrva

haar

kosa

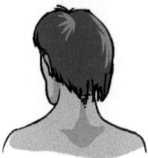

hals

vrat

ziekenhuis
bolnica

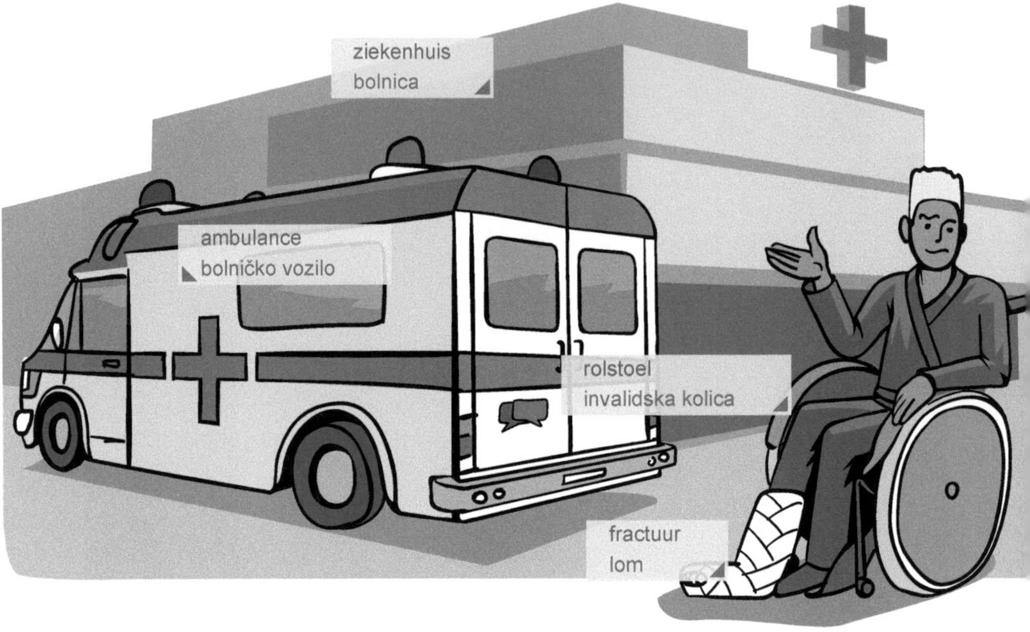

ziekenhuis
bolnica
ambulance
bolničko vozilo
rolstoel
invalidska kolica
fractuur
lom

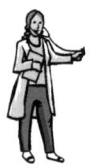

dokter

lekar

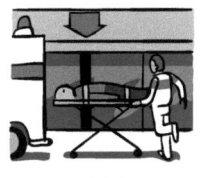

EHBO

hitna medicinska služba

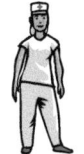

verpleegster

medicinska sestra

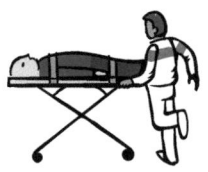

noodgeval

hitni slučaj

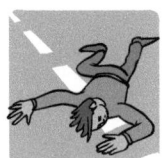

bewusteloos

nesvest

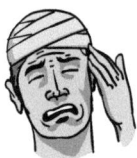

pijn

bol

verwonding

povreda

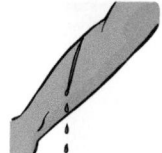

bloeding

krvarenje

hartaanval

srčani udar

beroerte

udar

allergie

alergija

hoest

kašalj

koorts

groznica

griep

gripa

diarree

proliv

hoofdpijn

glavobolja

kanker

rak

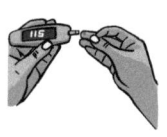

diabetes

dijabetes

chirurg

hirurg

scalpel

skalpel

operatie

operacija

CT
ct

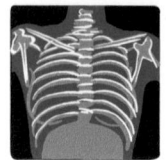

röntgen
rentgen

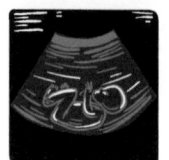

echografie
ultrazvuk

gezichtsmasker
maska

ziekte
bolest

wachtkamer
čekaona

kruk
štaka

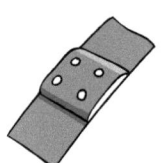

pleister
flaster

verband
zavoj

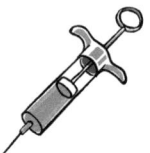

injectie
injekcija

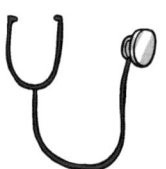

stethoscoop
stetoskop

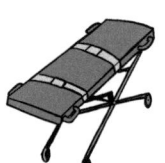

brancard
nosila

thermometer
termometar

geboorte
rođenje

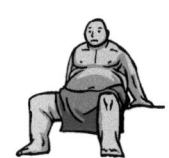

overgewicht
prekomerna težina

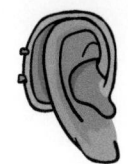

gehoorapparaat

slušni aparat

ontsmettingsmiddel

sredstvo za dezinfekciju

infectie

infekcija

virus

virus

HIV / AIDS

HIV / AIDS

medicijn

medicina

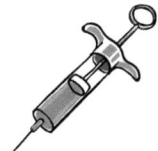

inenting

vakcinacija

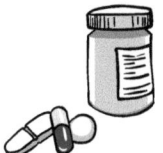

tabletten

tablete

pil

pilula

alarmnummer

hitni poziv

bloeddrukmeter

uređaj za merenje pritiska

ziek / gezond

bolesno / zdravo

Help!

pomoć!

alarm

alarm

overval

nasrtaj

aanval

napad

gevaar

opasnost

nooduitgang

izlaz u slučaju nužde

Brand!

požar!

brandblusser

protivpožarni aparat

ongeluk

nezgoda

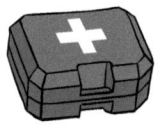

EHBO-koffer

kutija prve pomoći

SOS

sos

politie

policija

Europa

Evropa

Noord-Amerika

Severna Amerika

Zuid-Amerika

Južna Amerika

Afrika

Afrika

Azië

Azija

Australië

Australija

Atlantische Oceaan

Atlantik

Stille Oceaan

Pacifik

Indische Oceaan

Indijski okean

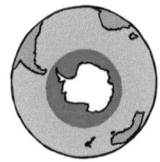

Zuidelijke Oceaan

Antarktički okean

Noordelijke IJszee

Arktički ocean

Noordpool

Severni pol

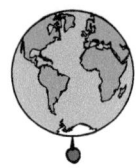

Zuidpool

Južni pol

Antarctica

Antarktik

aarde

zemlja

land

zemlja

zee

more

eiland

otok

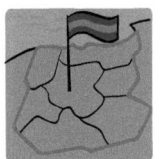

natie

nacija

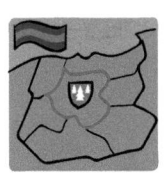

staat

država

wijzerplaat

brojčanik sata

uurwijzer

satna kazaljka

minutenwijzer

minutna kazaljka

secondewijzer

sekundna kazaljka

Hoe laat is het?

Koliko je sati?

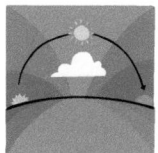

dag

dan

tijd

vreme

nu

sada

digitaal horloge

digitalni sat

minuut

minuta

uur

čas

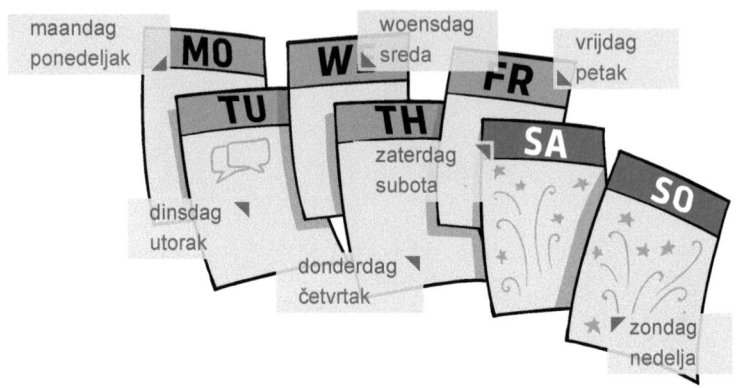

maandag
ponedeljak

woensdag
sreda

vrijdag
petak

dinsdag
utorak

zaterdag
subota

donderdag
četvrtak

zondag
nedelja

gisteren
....
juče

vandaag
....
danas

morgen
....
sutra

ochtend
....
jutro

middag
....
podne

avond
....
veče

werkdagen
....
radni dani

weekend
....
vikend

jaar
godina

regen
kiša
regenboog
duga
sneeuw
sneg
wind
vetar
voorjaar
proleće
herfst
jesen
zomer
leto
winter
zima

4.APRIL 11°
5.APRIL 4°
6.APRIL 13°
7.APRIL 8°
8.APRIL 10°

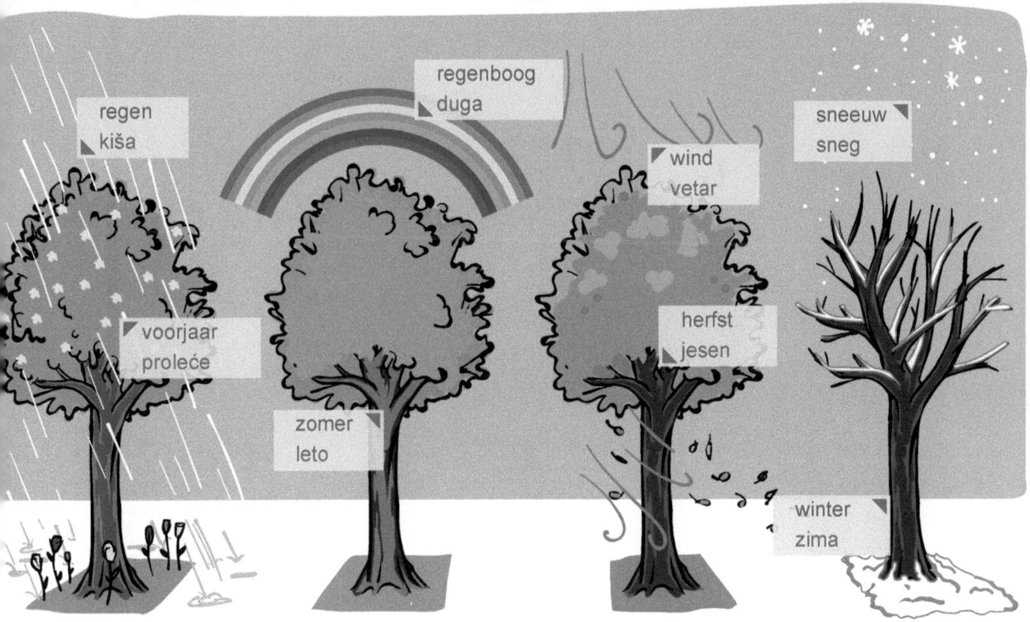

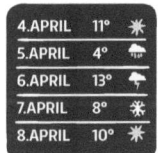

weerbericht

meteorološka prognoza

F
C
120
90
60
30
0
-30
40
30
20
10
0
-10
-20

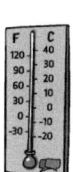

thermometer

termometar

zonneschijn

sunčana svetlost

wolk

oblak

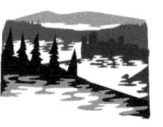

mist

magla

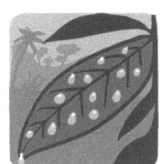

luchtvochtigheid

vlažnost vazduha

bliksem

munja

donder

grmljavina

storm

oluja

hagel

tuča

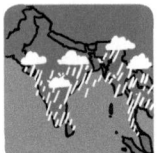

moesson

monsun

overstroming

poplava

ijs

led

januari

januar

februari

februar

maart

mart

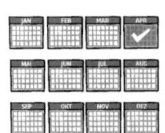

april

april

mei

maj

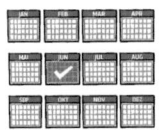

juni

juni

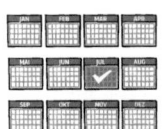

juli

juli

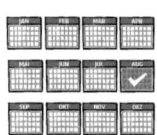

augustus

avgust

jaar - godina

september
septembar

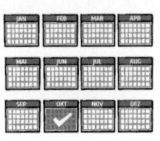

oktober
oktobar

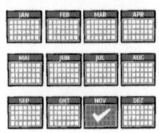

november
novembar

december
decembar

vormen
oblici

cirkel
krug

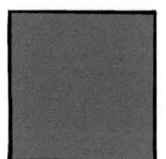

vierkant
kvadrat

rechthoek
pravougao

driehoek
trougao

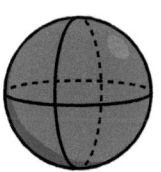

bol
kugla

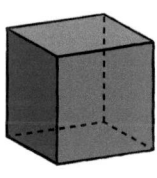

kubus
kocka

wit

bela

geel

žuta

oranje

narandžasta

roze

ružičasta

rood

crvena

paars

ljubičasta

blauw

plava

groen

zelena

bruin

smeđa

grijs

siva

zwart

crna

veel / weinig

mnogo / malo

boos / rustig

ljutito / mirno

mooi / lelijk

lepo / ružno

begin / einde

početak / kraj

groot / klein

veliko / maleno

licht / donker

svetlo / tamno

broer / zus

brat / sestra

schoon / vies

čisto / prljavo

volledig / onvolledig

potpuno / nepotpuno

dag/ nacht

dan / noć

dood / levend

mrtvo / živo

breed / smal

široko / usko

eetbaar / oneetbaar

jestivo / nejestivo

gemeen / aardig

zlo / dobro

dik / dun

debelo / mršavo

eerste / laatste

na početku / na kraju

vriend / vijand

prijatelj / neprijatelj

vol / leeg

puno / prazno

hard / zacht

tvrdo / mekano

zwaar / licht

teško / lagano

honger / dorst

glad / žeđ

ziek / gezond

bolesno / zdravo

illegaal / legaal

ilegalno / legalno

intelligent / dom

pametno / glupo

links / rechts

levo / desno

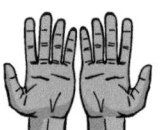

dichtbij / ver

blizu / daleko

opgewonden / verveeld

uzbuđeno / dosadno

tegenstellingen - suprotnosti

nieuw / gebruikt

novo / polovno

niets / iets

ništa / nešto

oud / jong

staro / mlado

aan / uit

uključeno / isključeno

open / gesloten

otvoreno / zatvoreno

zacht / luid

tiho / glasno

rijk / arm

bogato / siromašno

goed / fout

tačno / pogrešno

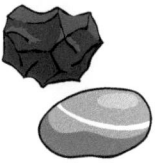

ruw / glad

hrapavo / glatko

verdrietig / gelukkig

tužno / sretno

kort / lang

kratko / dugo

langzaam / snel

polako / brzo

nat / droog

mokro / suho

warm / koel

toplo / hladno

oorlog / vrede

rat / mir

0	**1**	**2**
nul	één	twee
nula	jedan	dva

3	**4**	**5**
drie	vier	vijf
tri	četiri	pet

6	**7**	**8**
zes	zeven	acht
šest	sedam	osam

9	**10**	**11**
negen	tien	elf
devet	deset	jedanaest

12

twaalf

dvanaest

13

dertien

trinaest

14

veertien

četrnaest

15

vijftien

petnaest

16

zestien

šestnaest

17

zeventien

sedamnaest

18

achttien

osamnaest

19

negentien

devetnaest

20

twintig

dvadeset

100

honderd

stotinu

1.000

duizend

hiljadu

1.000.000

miljoen

milion

talen
jezici

Engels
....
engleski

Amerikaans Engels
....
američki engleski

Chinees Mandarijn
....
mandarinski kineski

Hindi
....
hindski

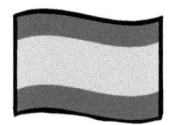

Spaans
....
španski

Frans
....
francuski

Arabisch
....
arapski

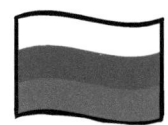

Russisch
....
ruski

Portugees
....
portugalski

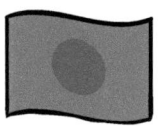

Bengalees
....
bengalski

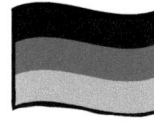

Duits
....
nemački

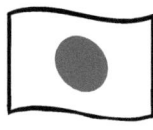

Japans
....
japanski

ik

ja

jij

ti

hij / zij / het

on / ona / ono

wij

mi

jullie

vi

zij

oni

wie?

Ko?

wat?

Šta?

hoe?

Kako?

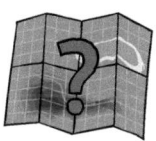

waar?

Gde?

wanneer?

Kada?

HELLO, I AM

naam

ime

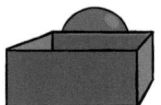

achter

iza

in

u

voor

ispred

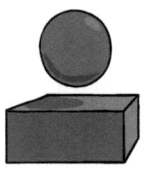

boven

preko

op

na

onder

ispod

naast

pored

tussen

između

plaats

mesto